CLUB	CARRY	RUN	TOTAL

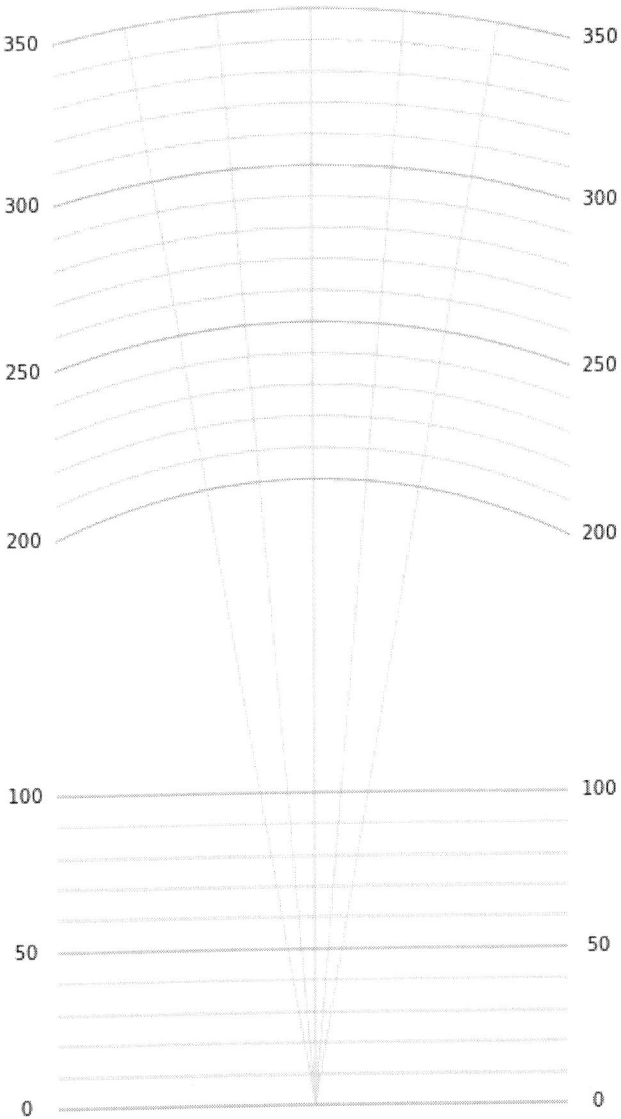
350
350
300
300
250
250
200
200
100
100
50
50
0
0

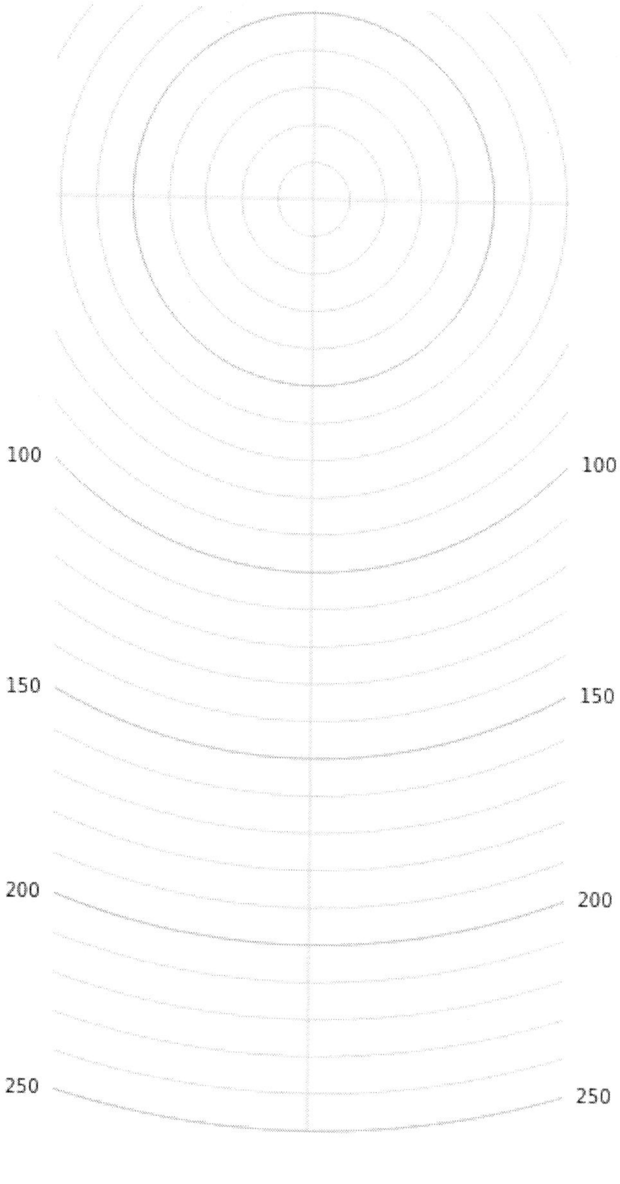
100
100
150
150
200
200
250
250

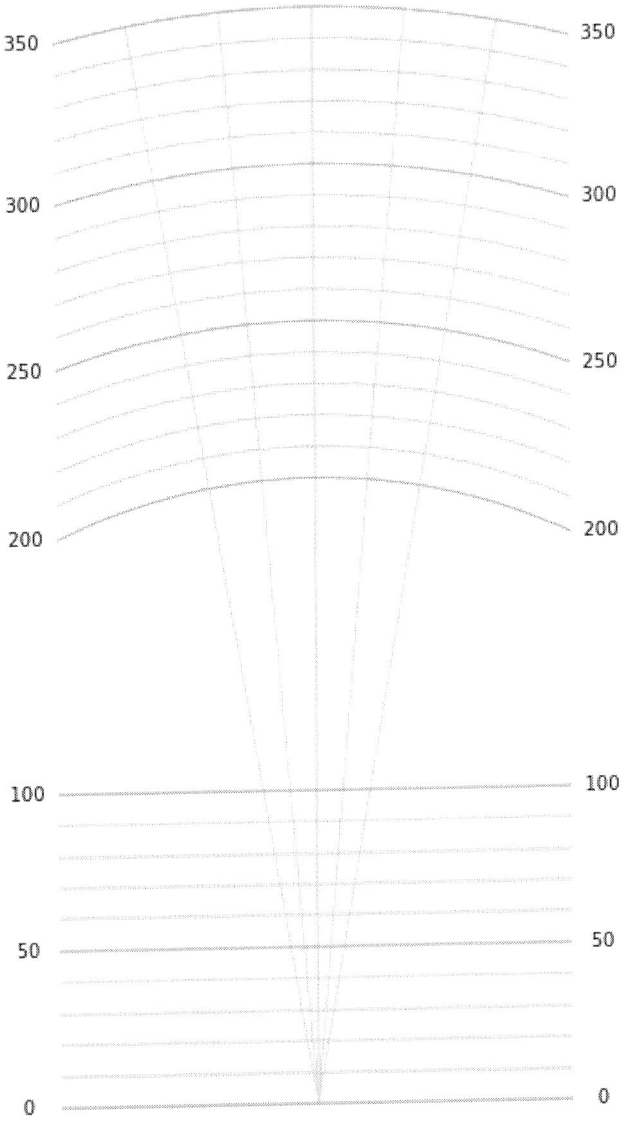
350
350
300
300
250
250
200
200
100
100
50
50
0
0

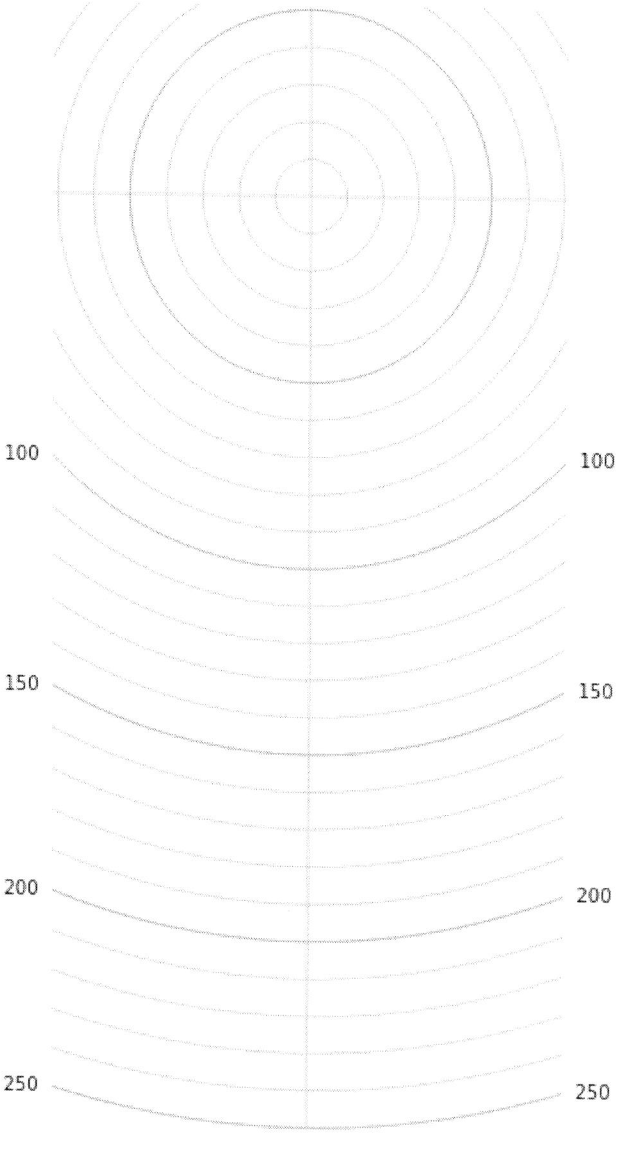
100
100
150
150
200
200
250
250

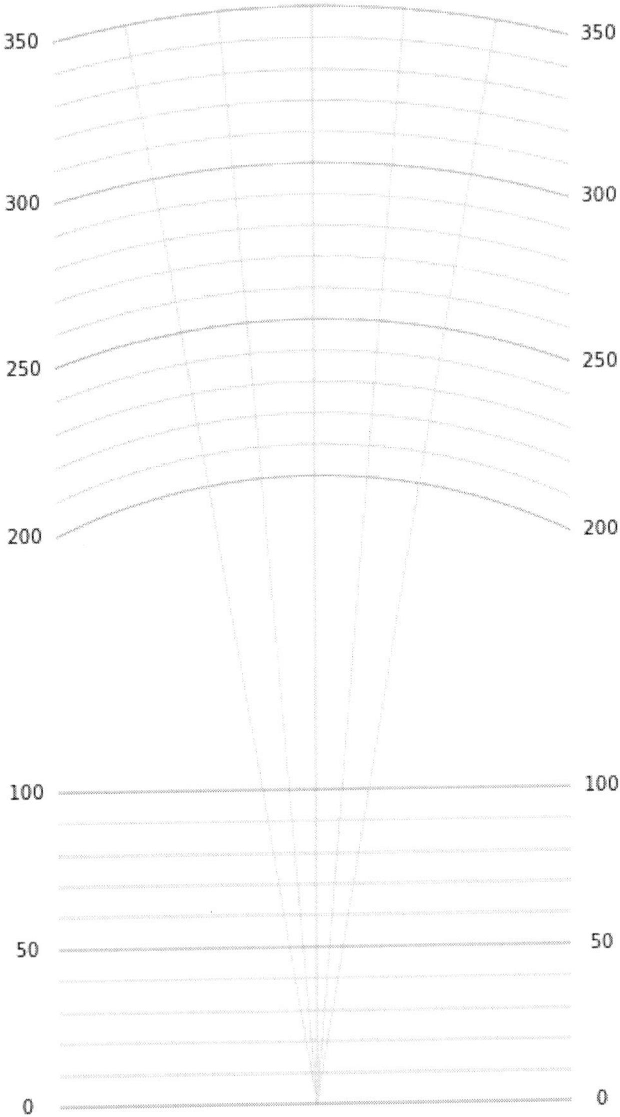
350
300
250
200
100
50
0
350
300
250
200
100
50
0

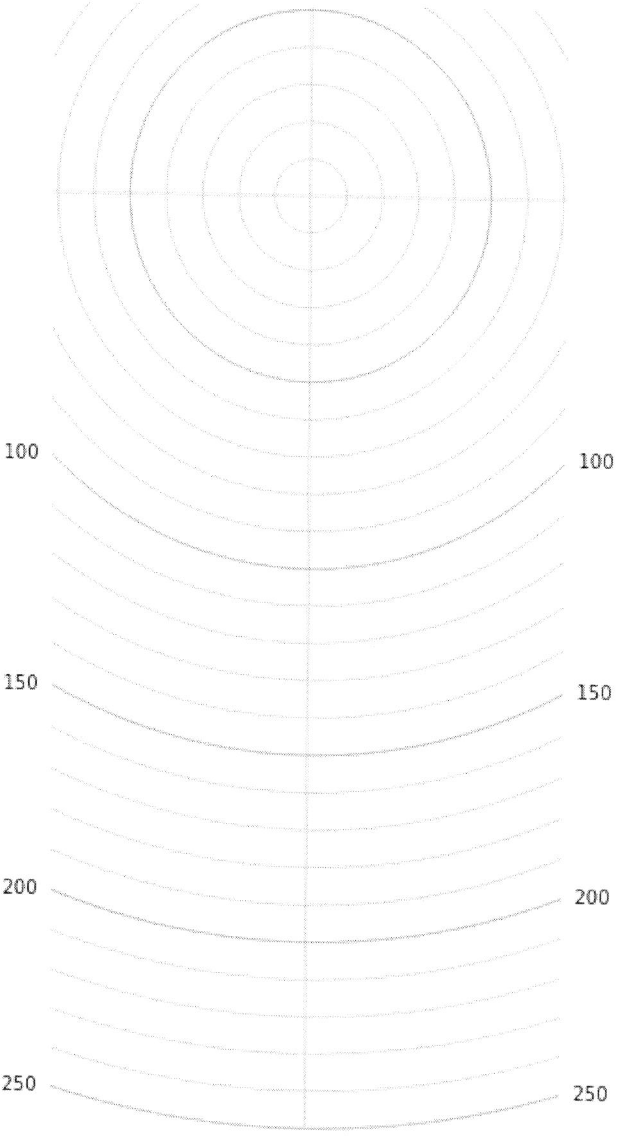

100
100
150
150
200
200
250
250

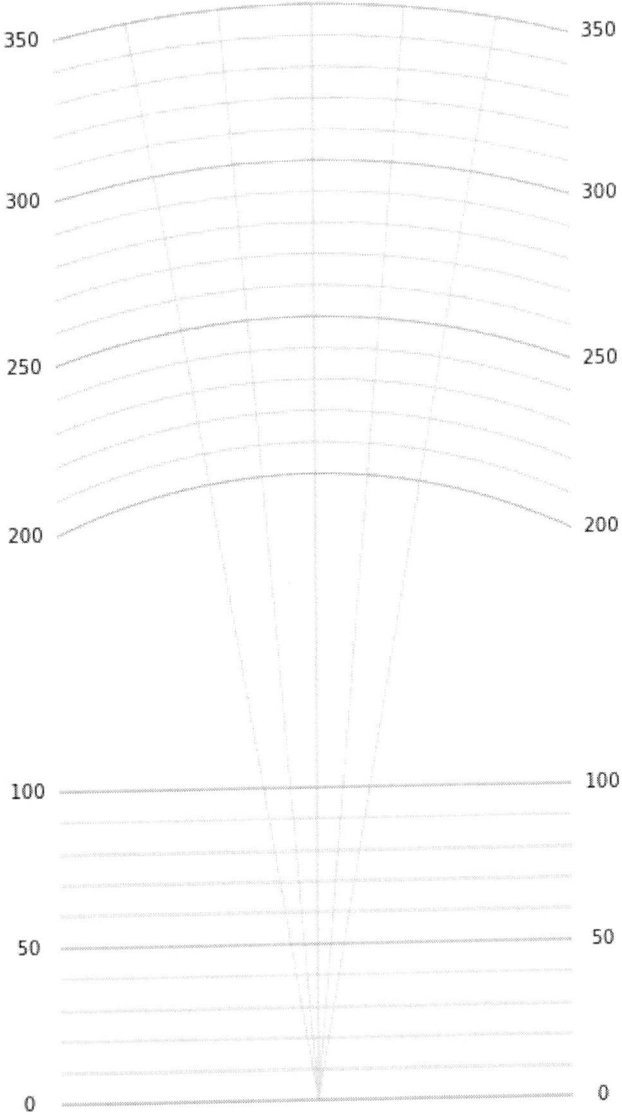
350
300
250
200
100
50
0
350
300
250
200
100
50
0

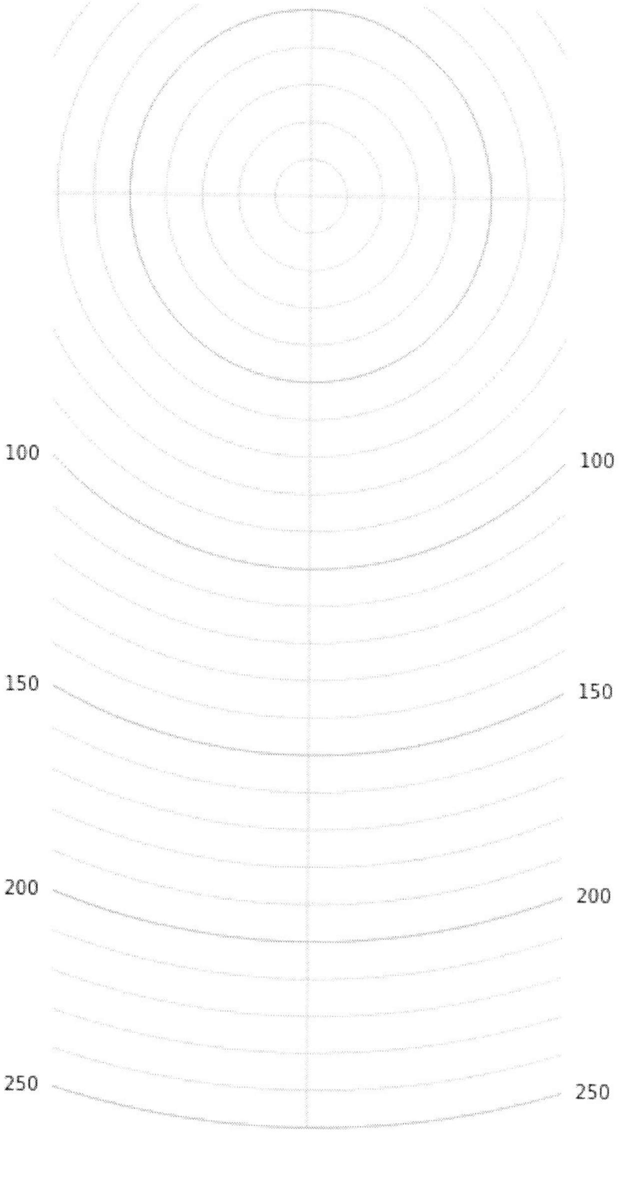
100
100
150
150
200
200
250
250

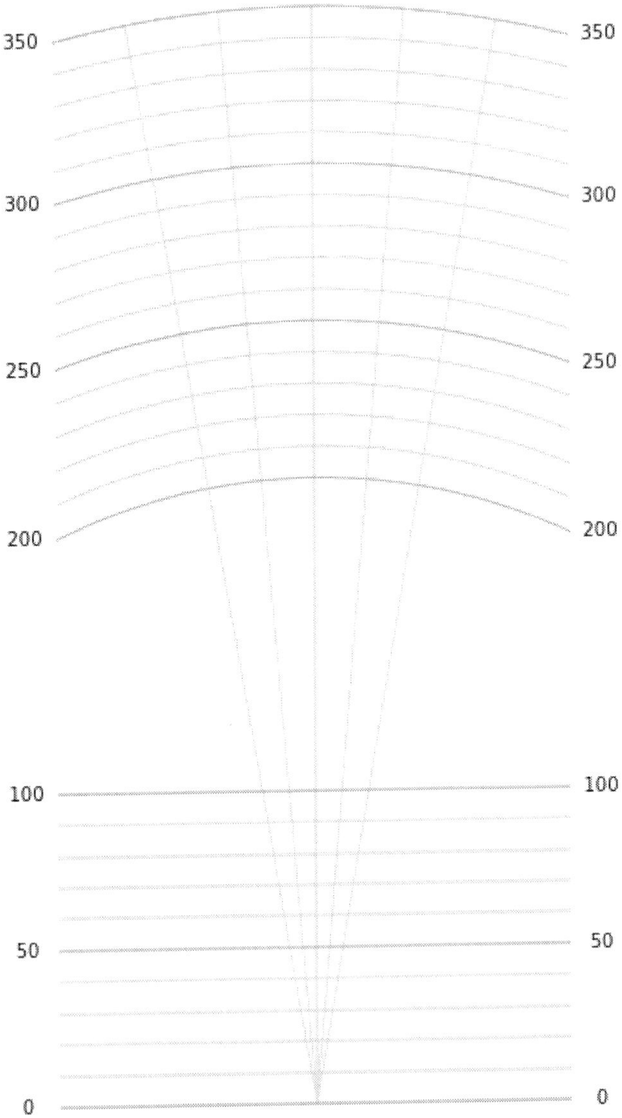
350
300
250
200
100
50
0
350
300
250
200
100
50
0

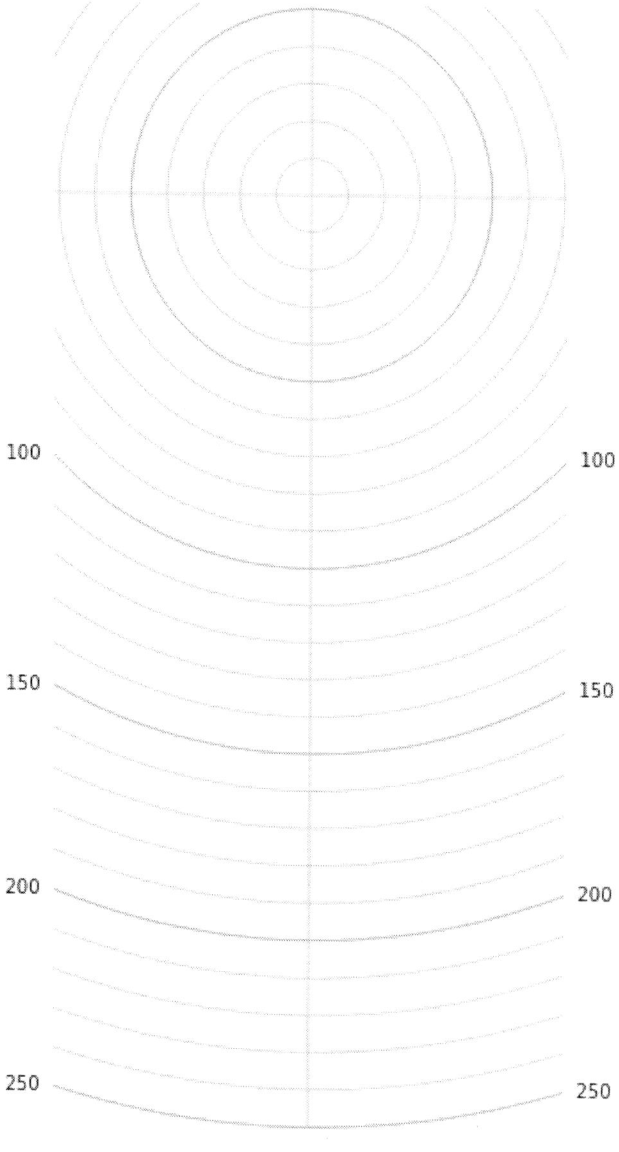
100
100
150
150
200
200
250
250

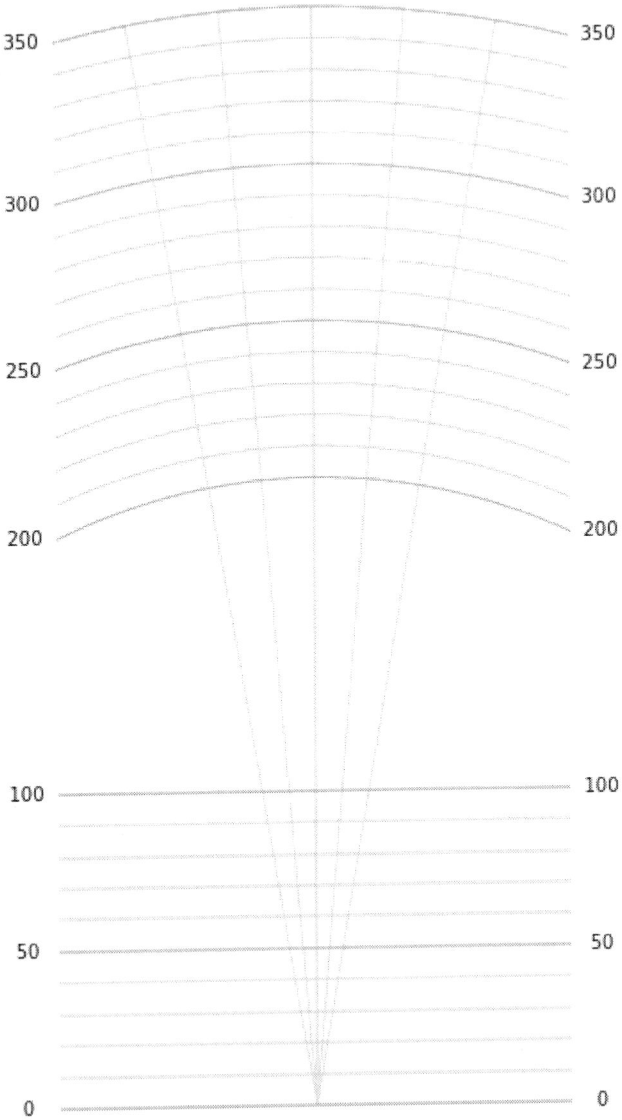
350
300
250
200
100
50
0
350
300
250
200
100
50
0

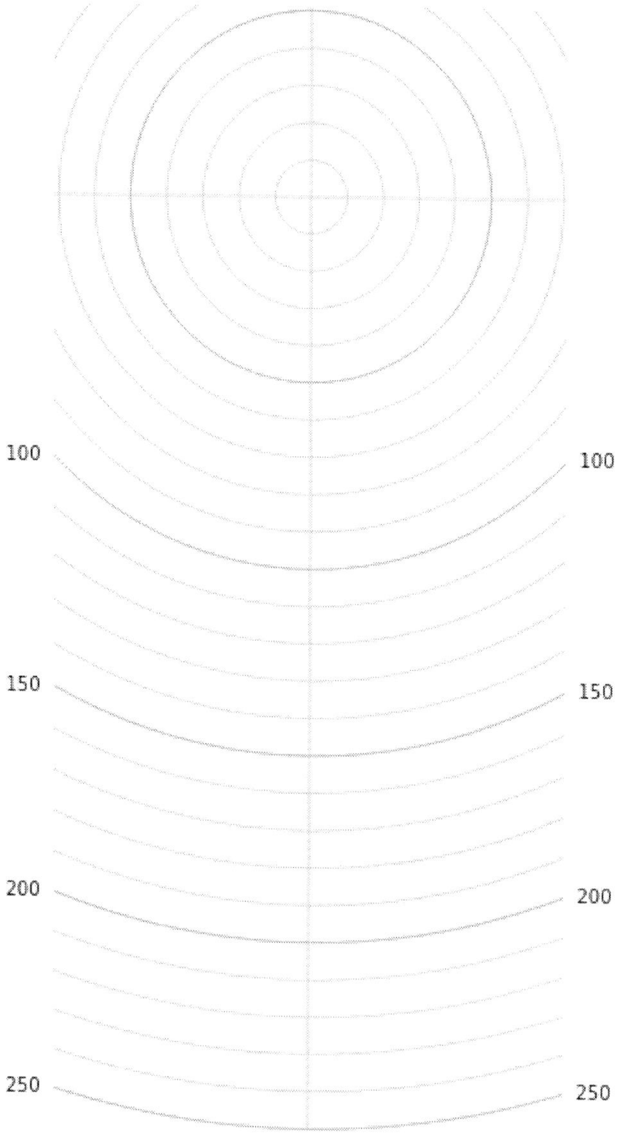
100
100
150
150
200
200
250
250

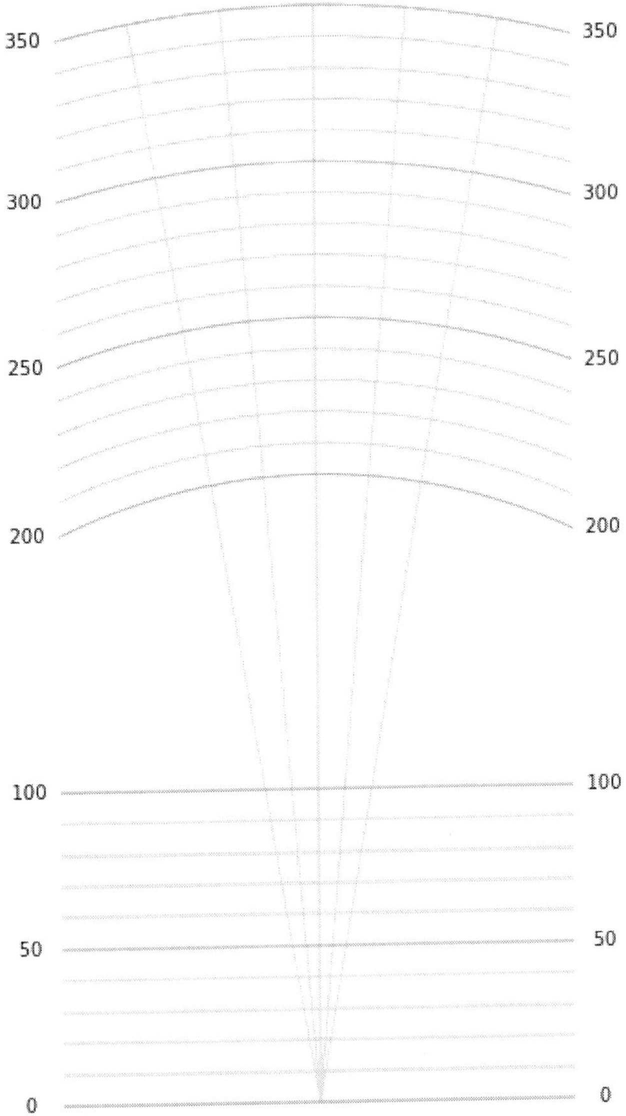
350
350
300
300
250
250
200
200
100
100
50
50
0
0

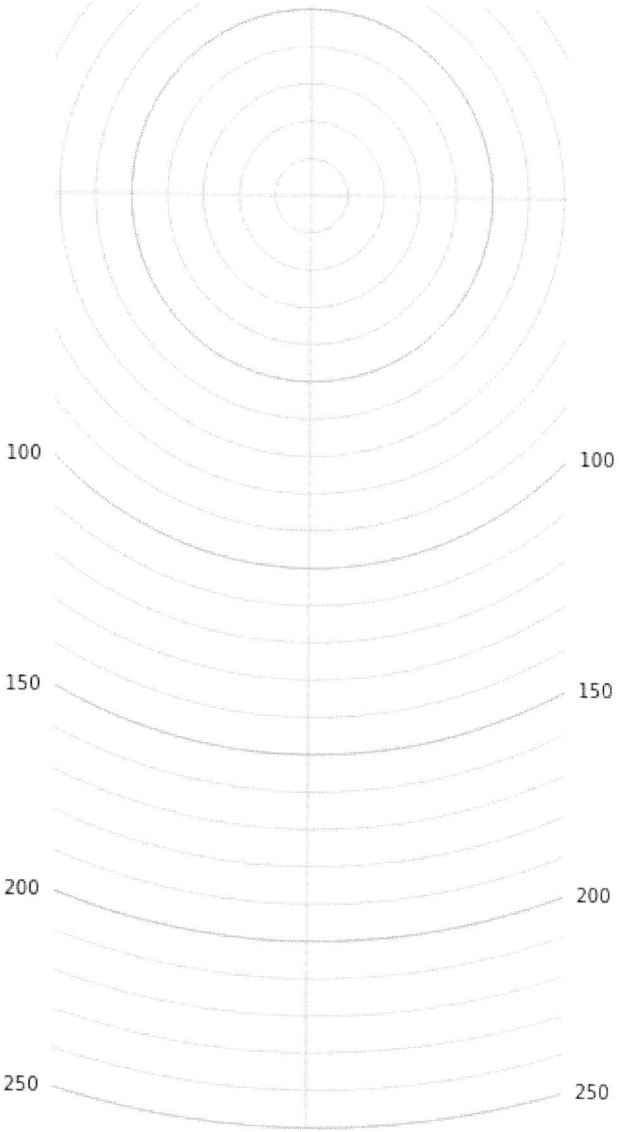
100
100
150
150
200
200
250
250

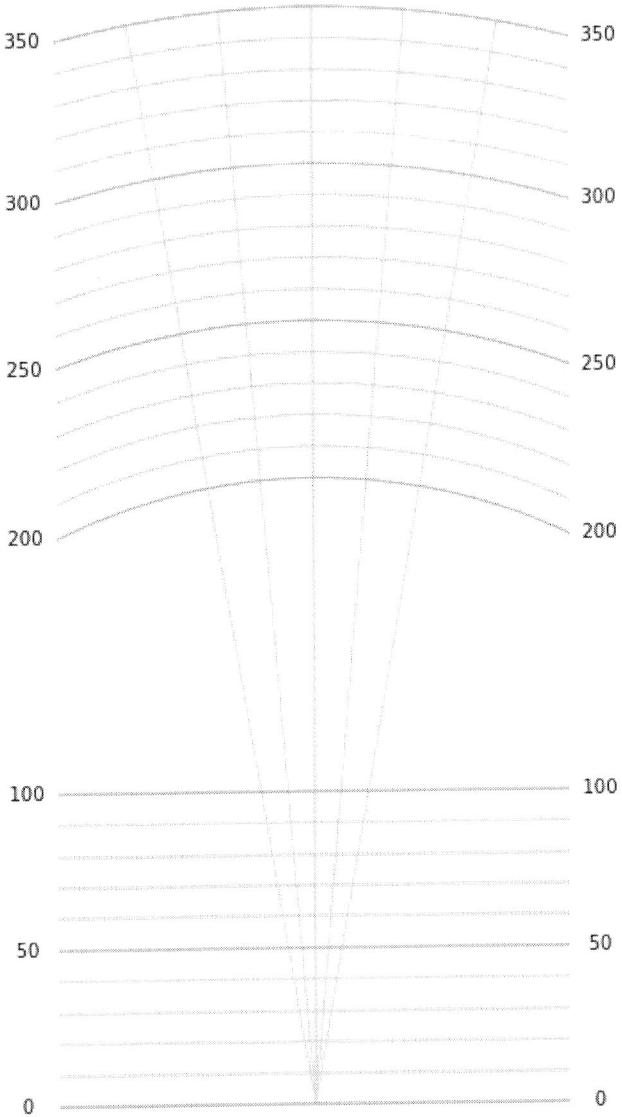
350
300
250
200
100
50
0
350
300
250
200
100
50
0

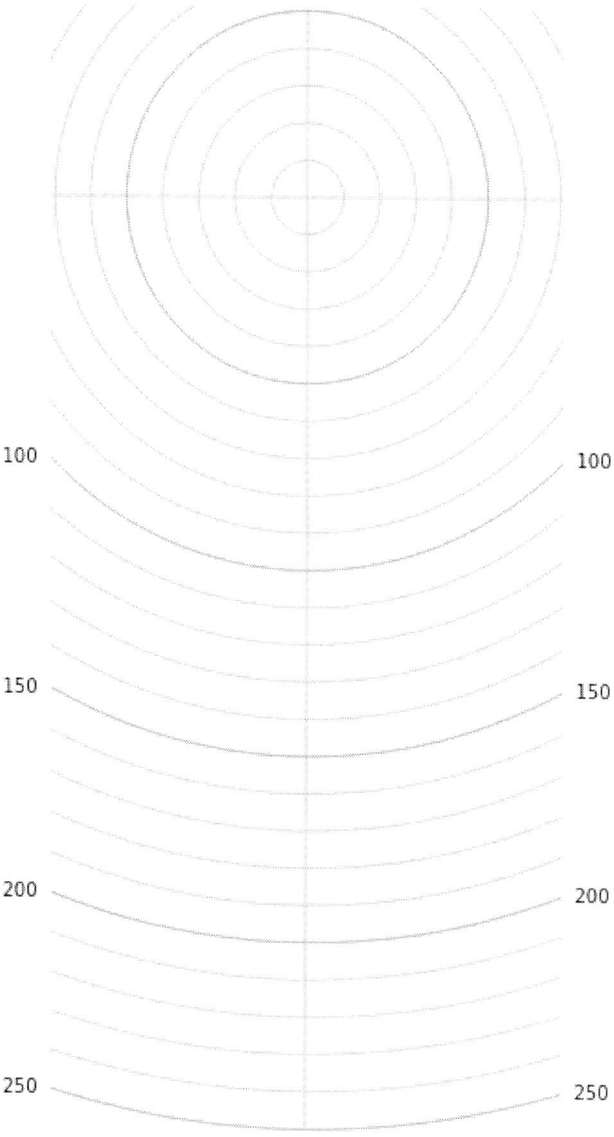
100
100
150
150
200
200
250
250

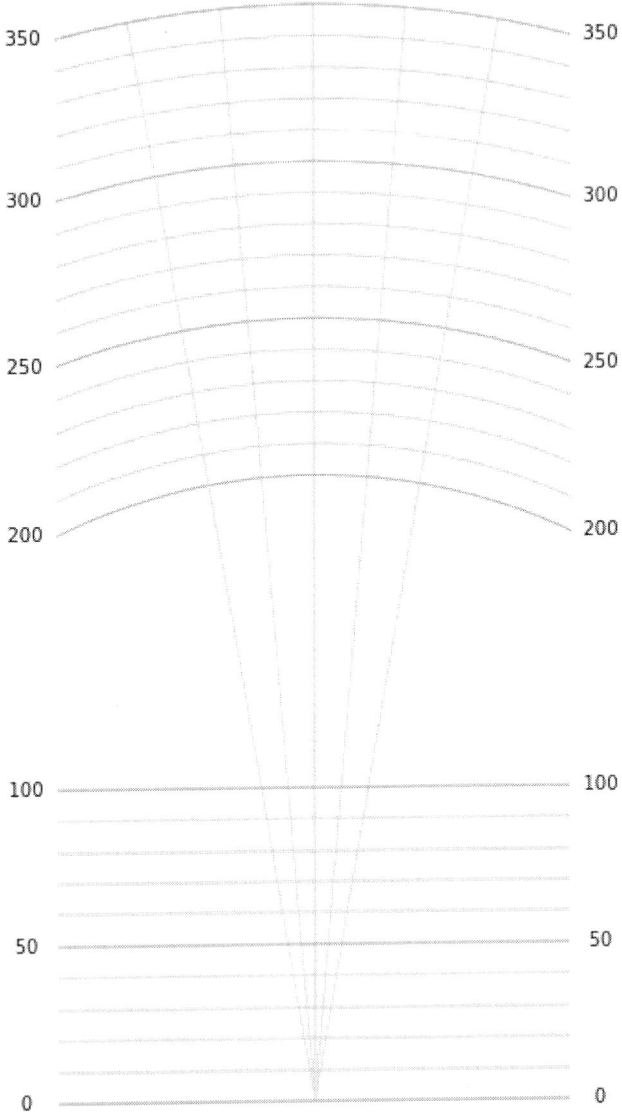

350
300
250
200
100
50
0
350
300
250
200
100
50
0

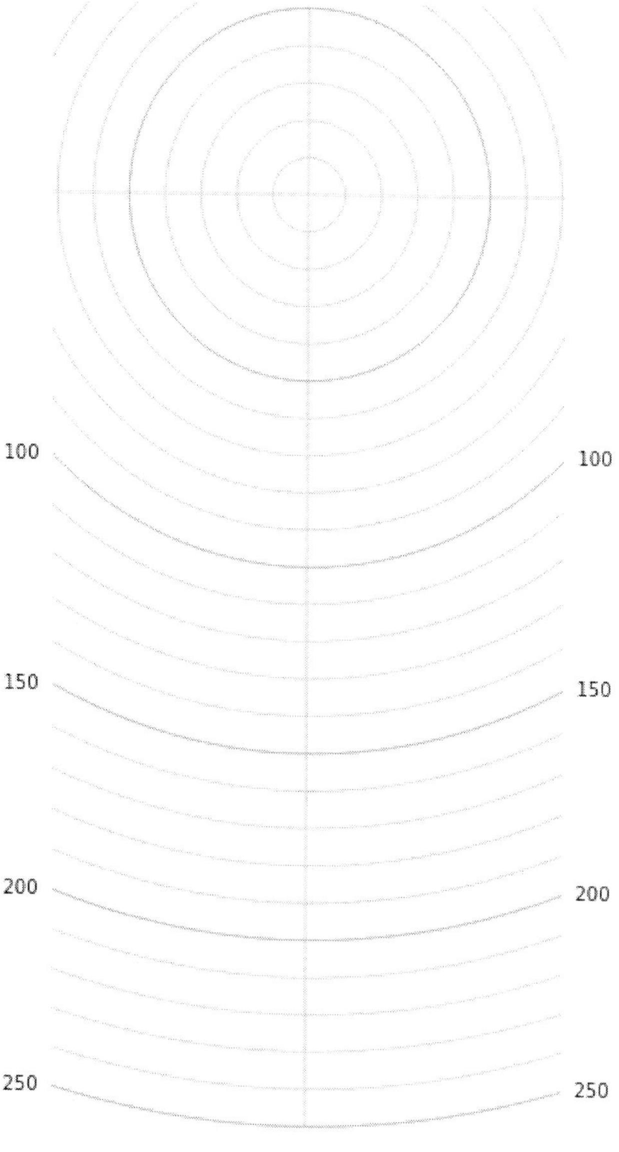
100
100
150
150
200
200
250
250

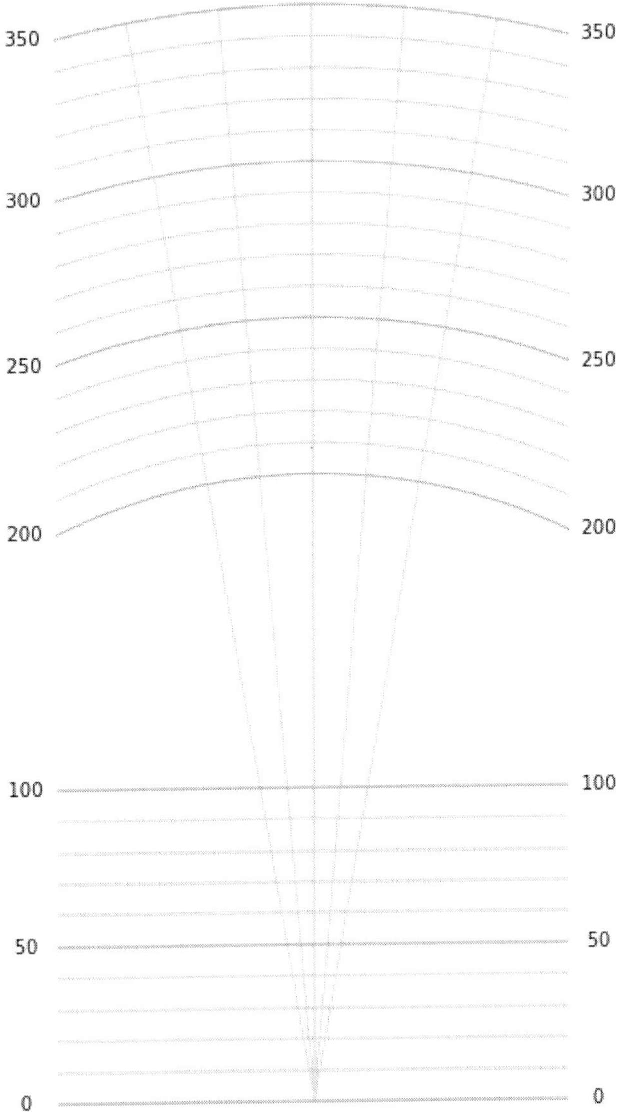
350
350
300
300
250
250
200
200
100
100
50
50
0
0

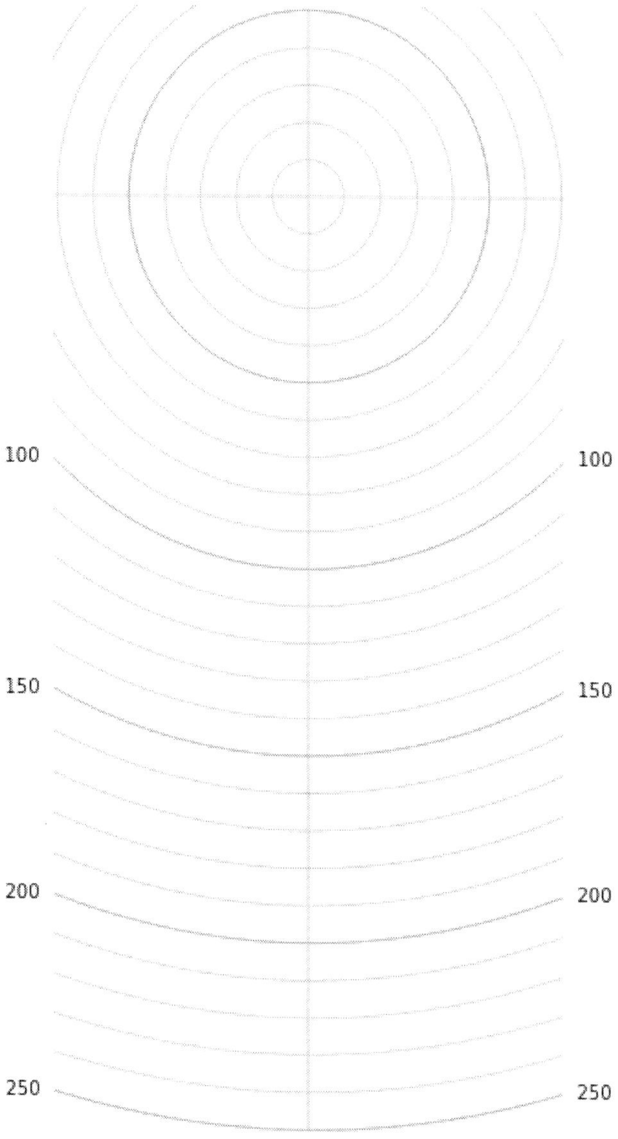
100
100
150
150
200
200
250
250

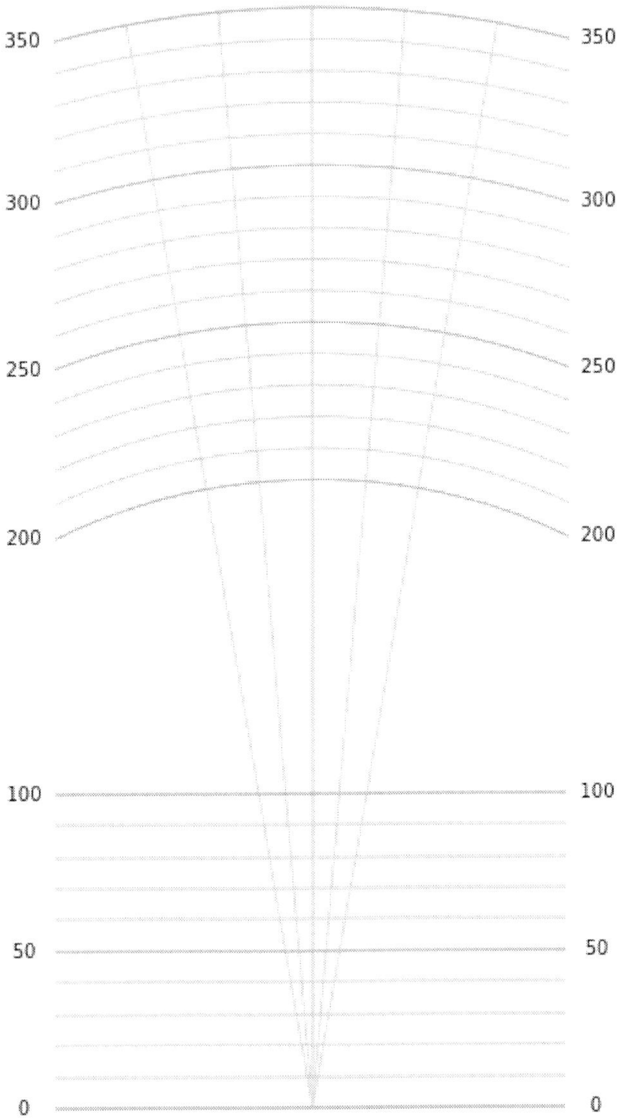
350
300
250
200
100
50
0
350
300
250
200
100
50
0

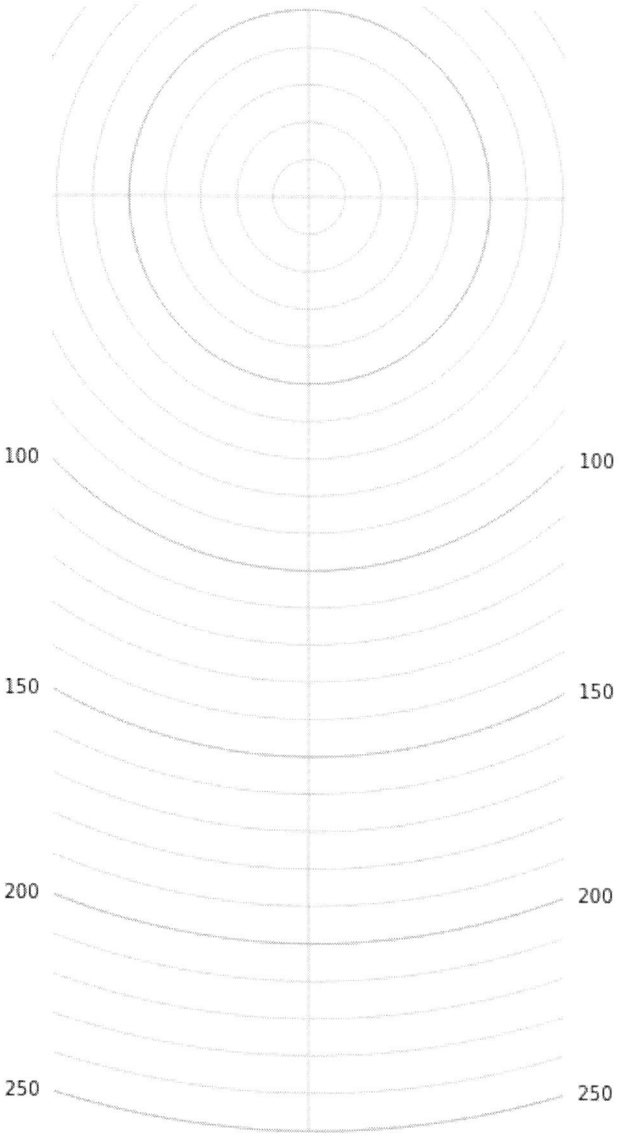
100
100
150
150
200
200
250
250

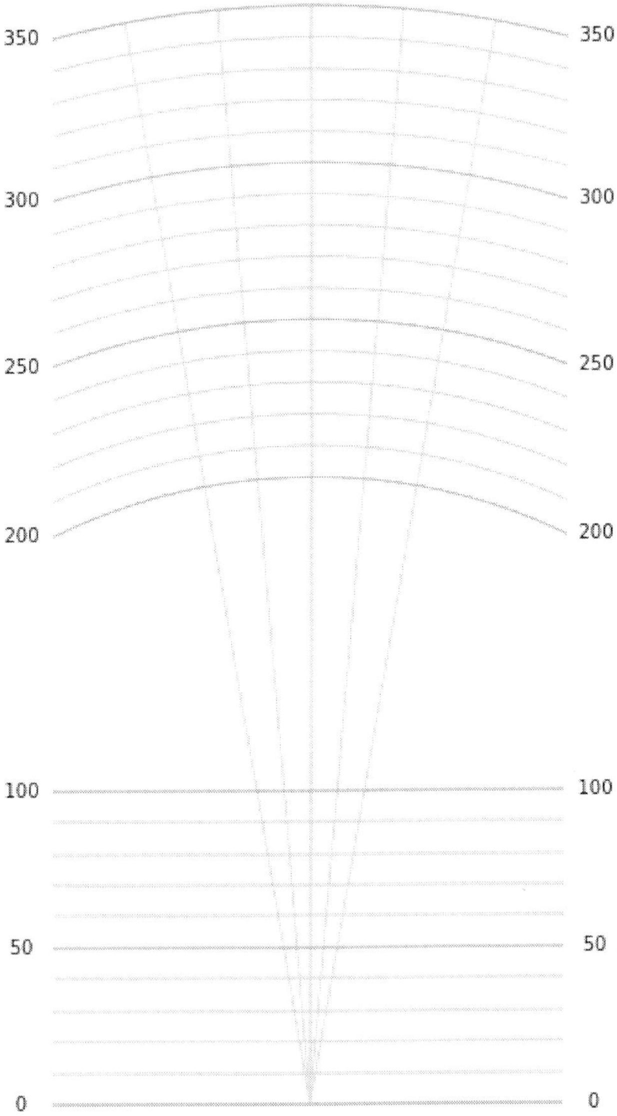
350
300
250
200
100
50
0

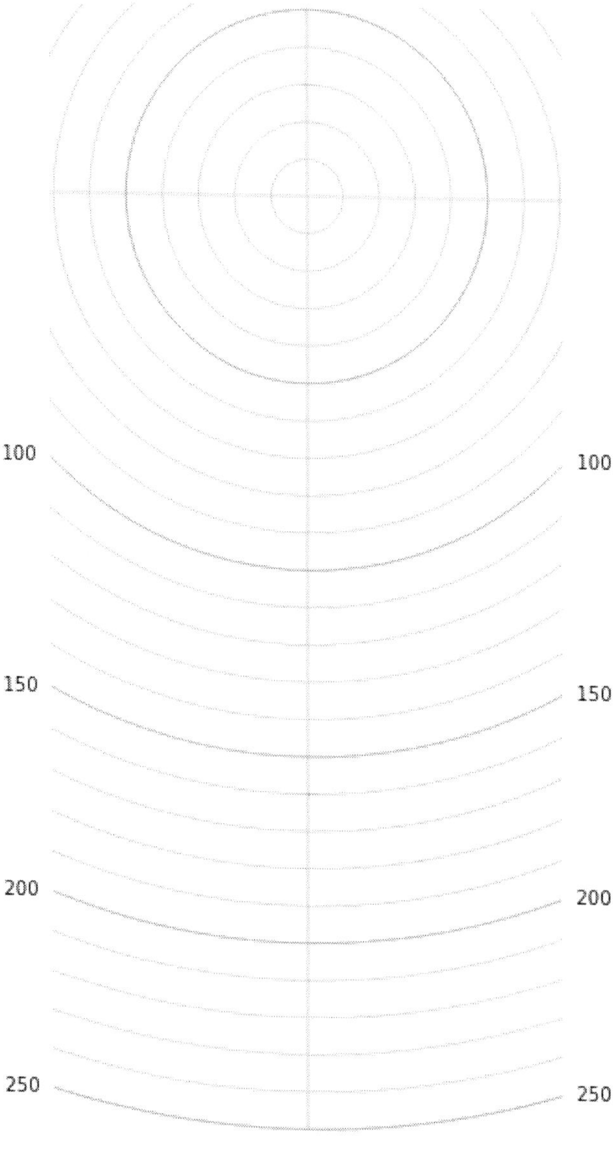
100
100
150
150
200
200
250
250

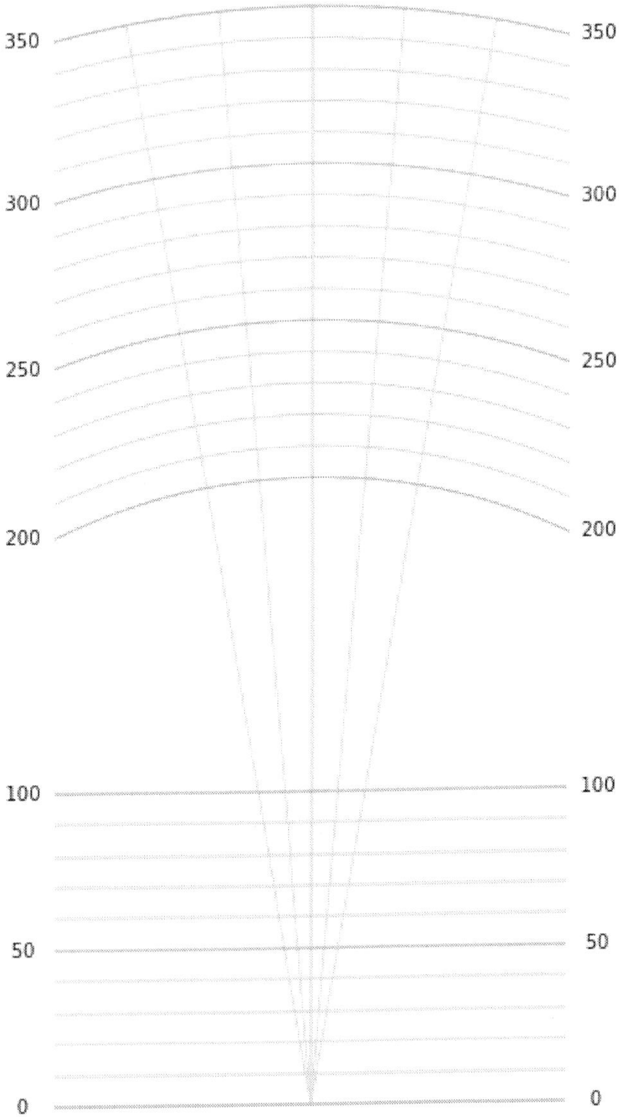
350
300
250
200
100
50
0

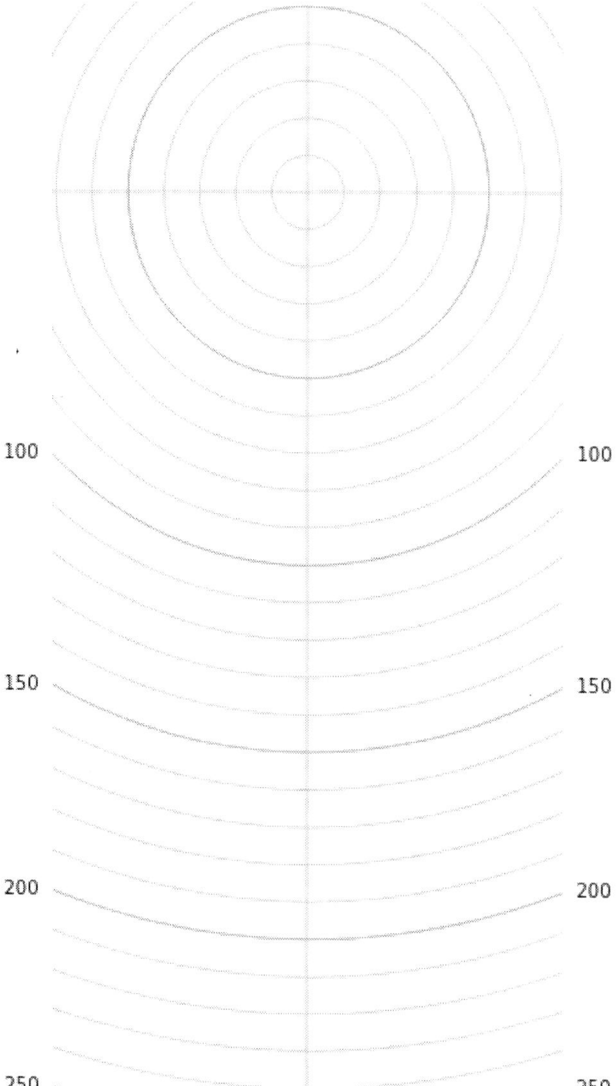
100
100
150
150
200
200
250
250

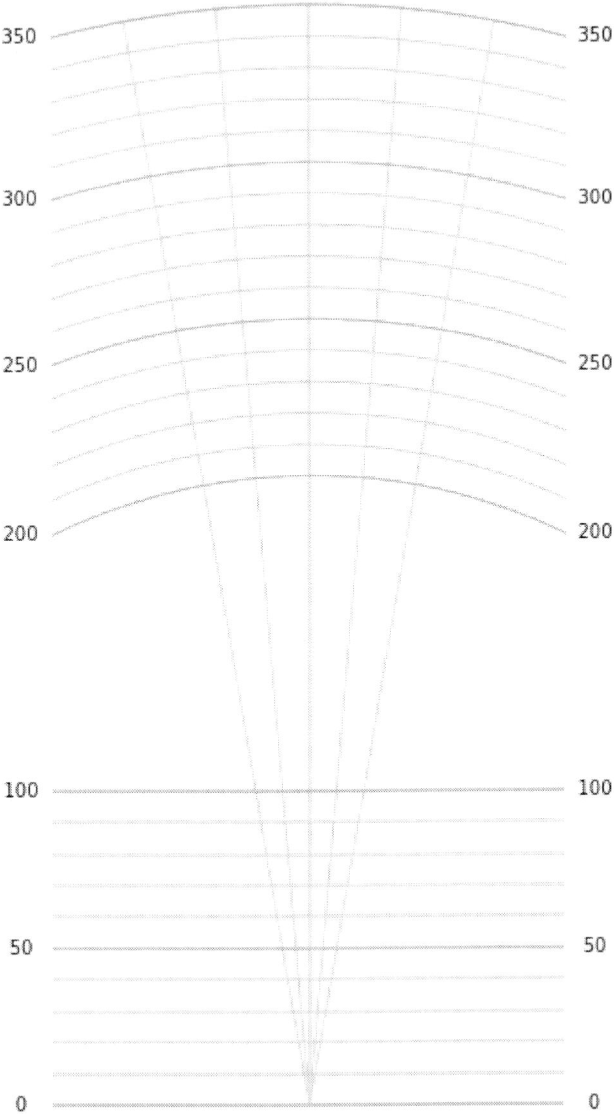
350
350
300
300
250
250
200
200
100
100
50
50
0
0

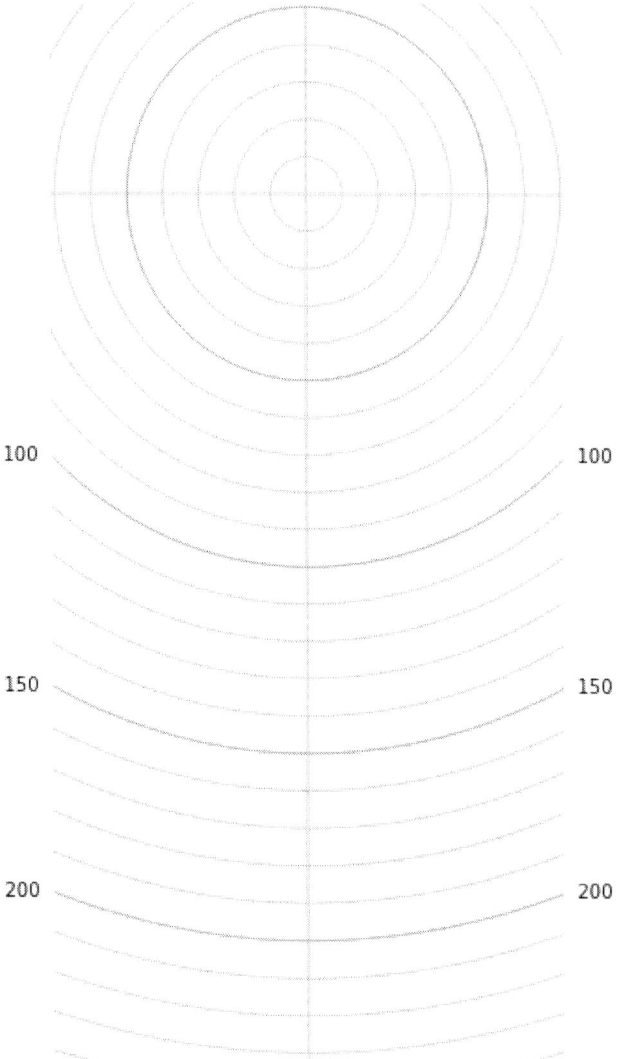
100
100
150
150
200
200
250
250

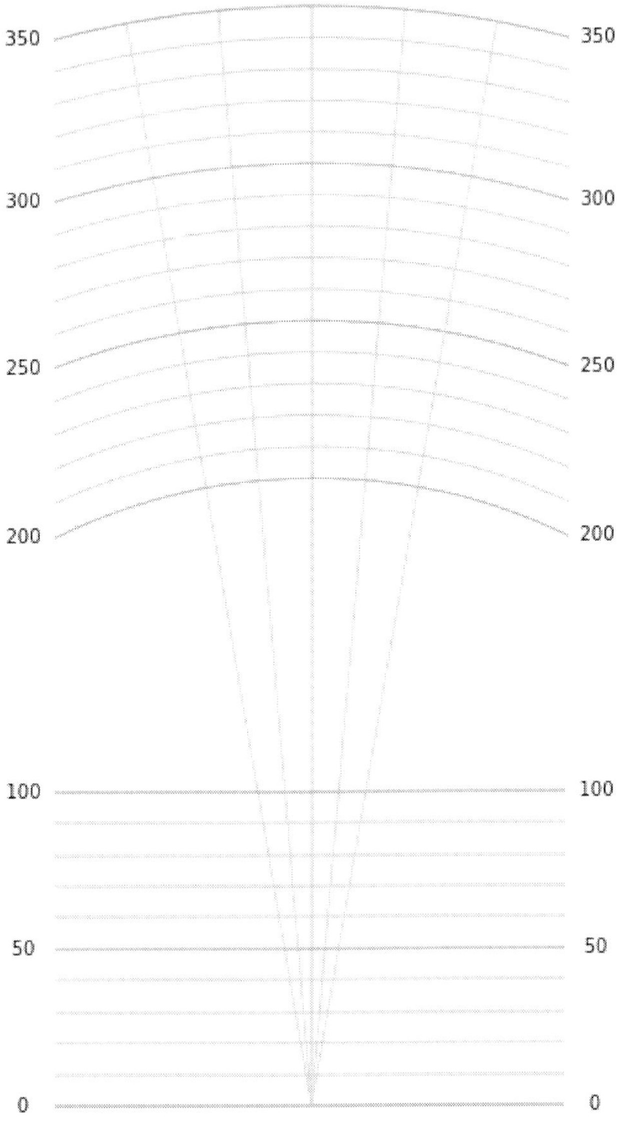
350
300
250
200
100
50
0

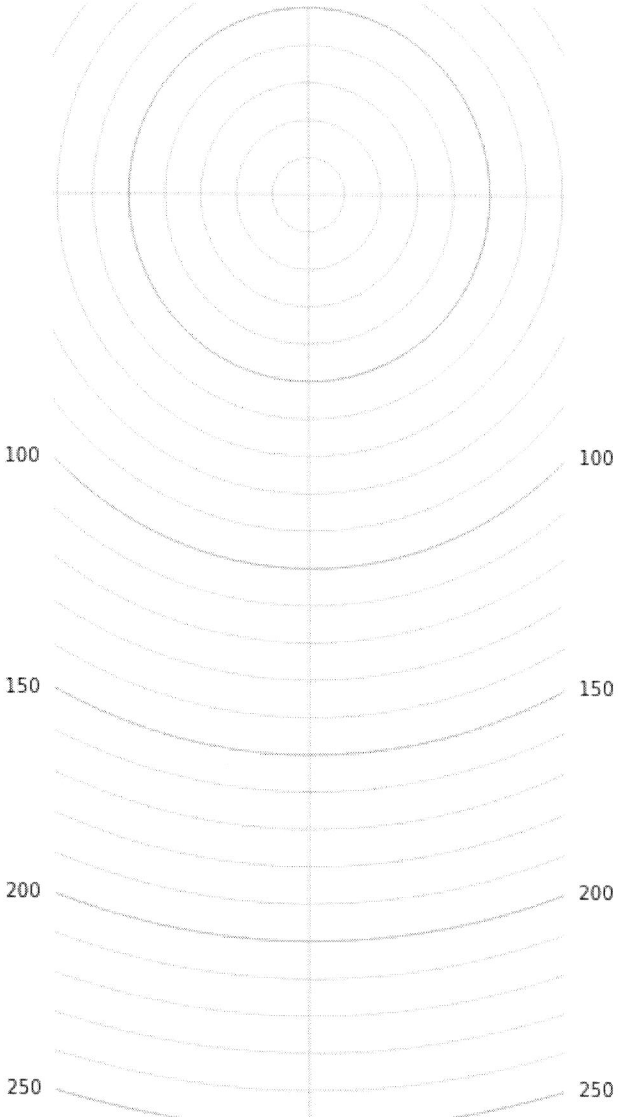
100
100
150
150
200
200
250
250

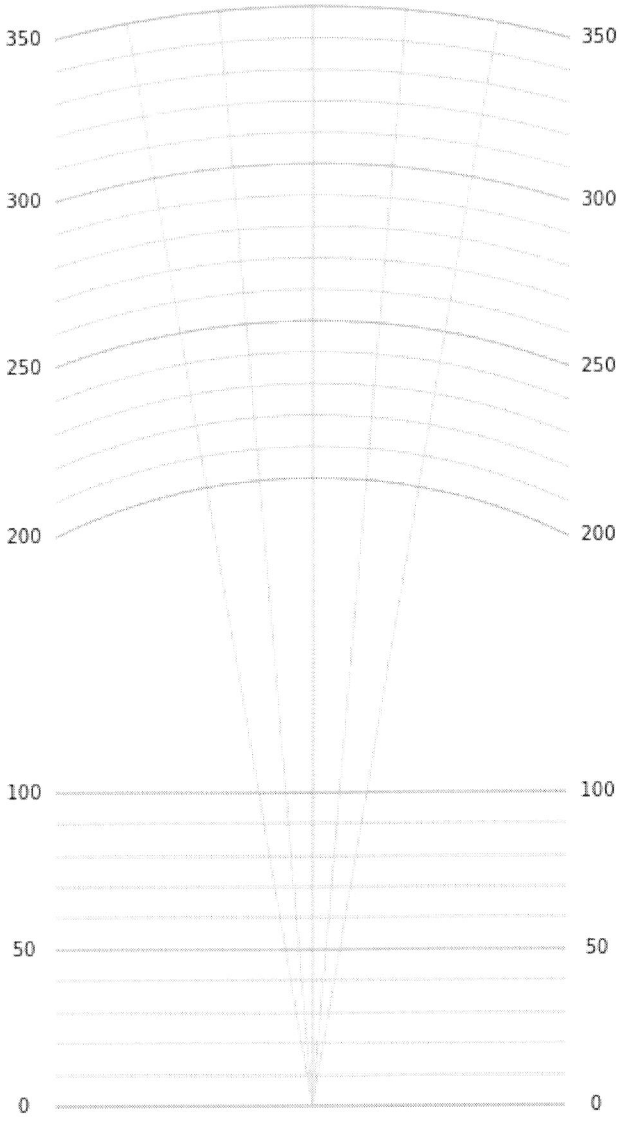
350
300
250
200
100
50
0

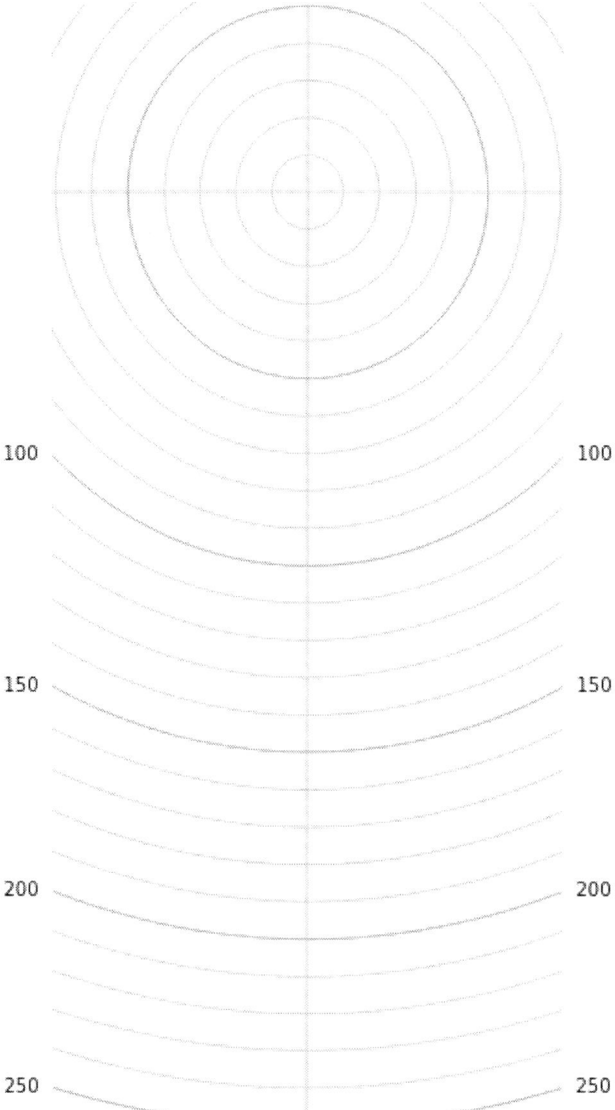
100
100
150
150
200
200
250
250

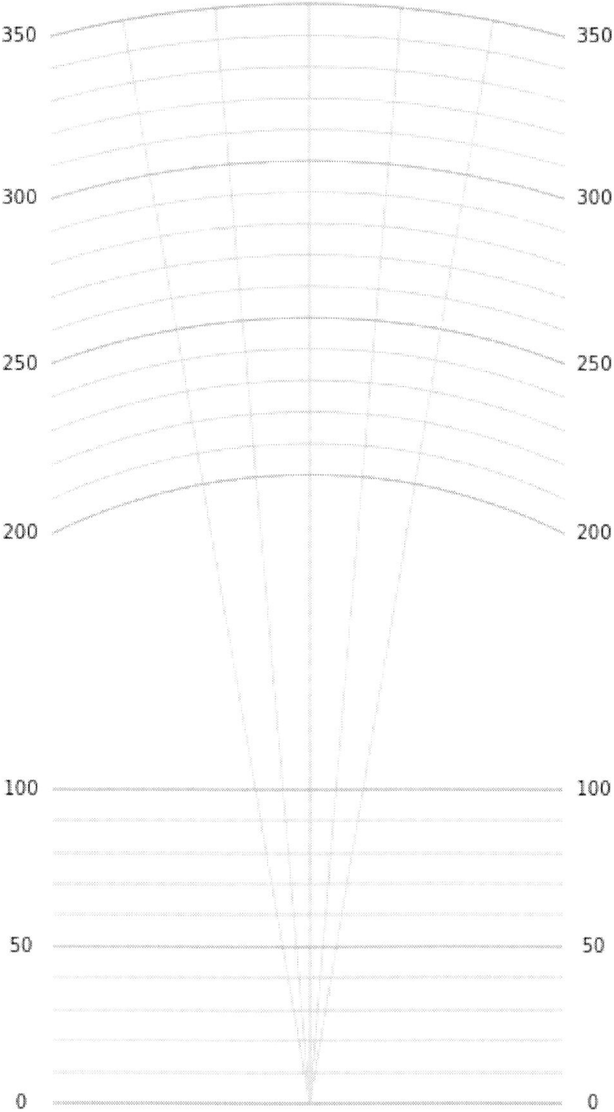
350 350
300 300
250 250
200 200
100 100
50 50
0 0

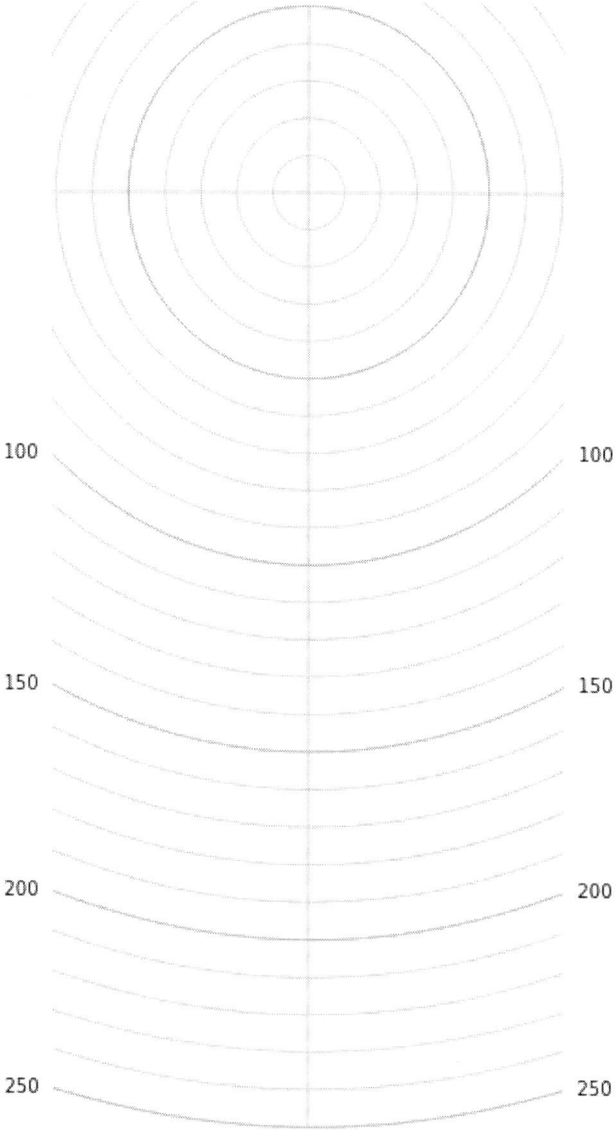
100
100
150
150
200
200
250
250

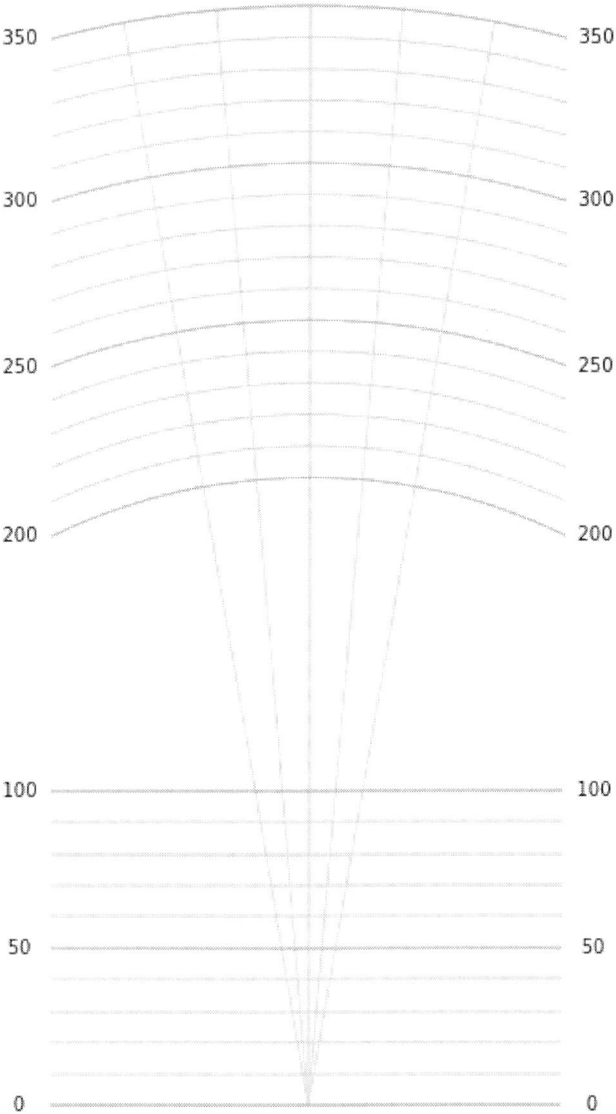
350
350
300
300
250
250
200
200
100
100
50
50
0
0

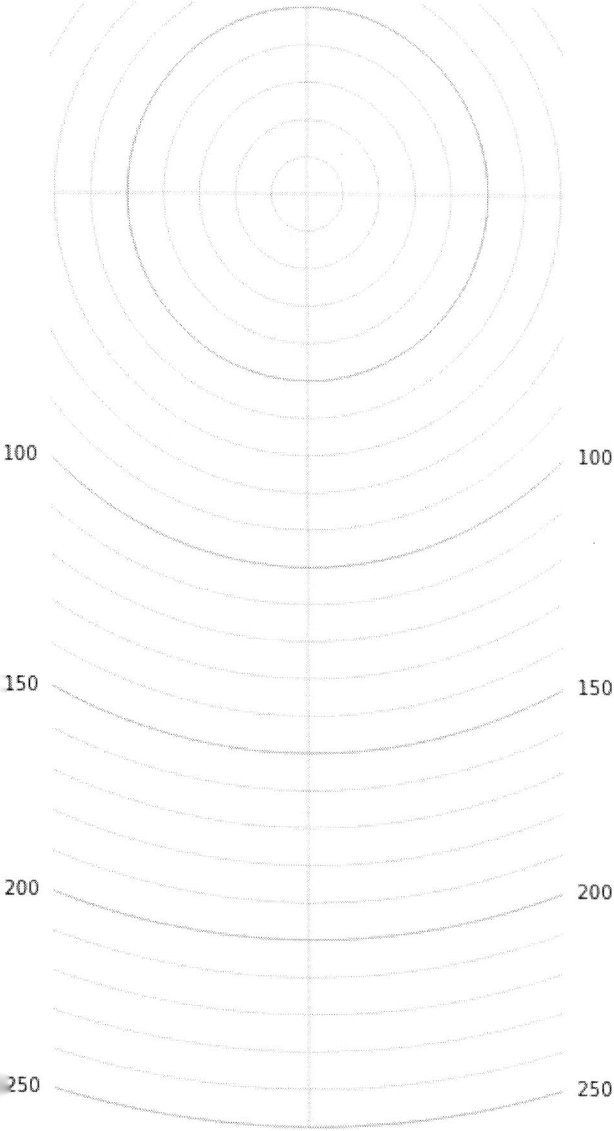
100
100
150
150
200
200
250
250

Made in the USA
Columbia, SC
15 May 2025

57997462R00022